CW01360070

THE ETERNAL LAND

*'The Old Ones were wise,
To touch the earth, to love the soil,
To see the mysteries of life;
Everything has a purpose in being.'*

THE ETERNAL LAND

A BOOK FOR DAYS TO REMEMBER

ILLUSTRATED BY DIANE BARKER

EAST-WEST PUBLICATIONS
LONDON AND THE HAGUE

WINTER

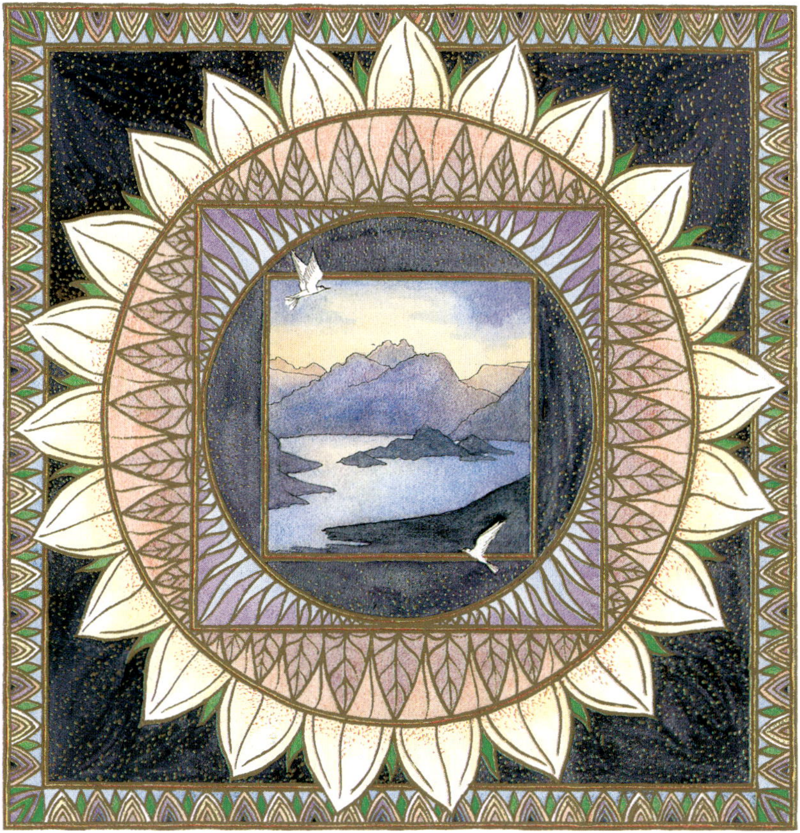

JANUARY

1 _____

2 _____

3 _____

4 _____

5 _____

6 _____

7 _____

For the dear light I am brought low.

I am sped to the end.

Soul and body, we lifted her.

This shall be the last.

JANUARY

8 _____

9 _____

10 _____

11 _____

12 _____

13 _____

14 _____

JANUARY

15 _____

16 _____

17 _____

18 _____

19 _____

20 _____

21 _____

JANUARY

22 _____

23 _____

24 _____

25 _____

26 _____

27 _____

28 _____

JANUARY

29 _____

30 _____

31 _____

FEBRUARY

1 _____

2 _____

3 _____

4 _____

5 _____

6 _____

7 _____

Like a white flame that appeared, A long lingering glow filled his heart. Her eyes pierced the night. It came unsought, it came silently.

FEBRUARY

8 _____

9 _____

10 _____

11 _____

12 _____

13 _____

14 _____

FEBRUARY

15 _____

16 _____

17 _____

18 _____

19 _____

20 _____

21 _____

FEBRUARY

22 _____

23 _____

24 _____

25 _____

26 _____

27 _____

28 _____

FEBRUARY

29 _____

MARCH

1 _____

2 _____

3 _____

4 _____

5 _____

6 _____

7 _____

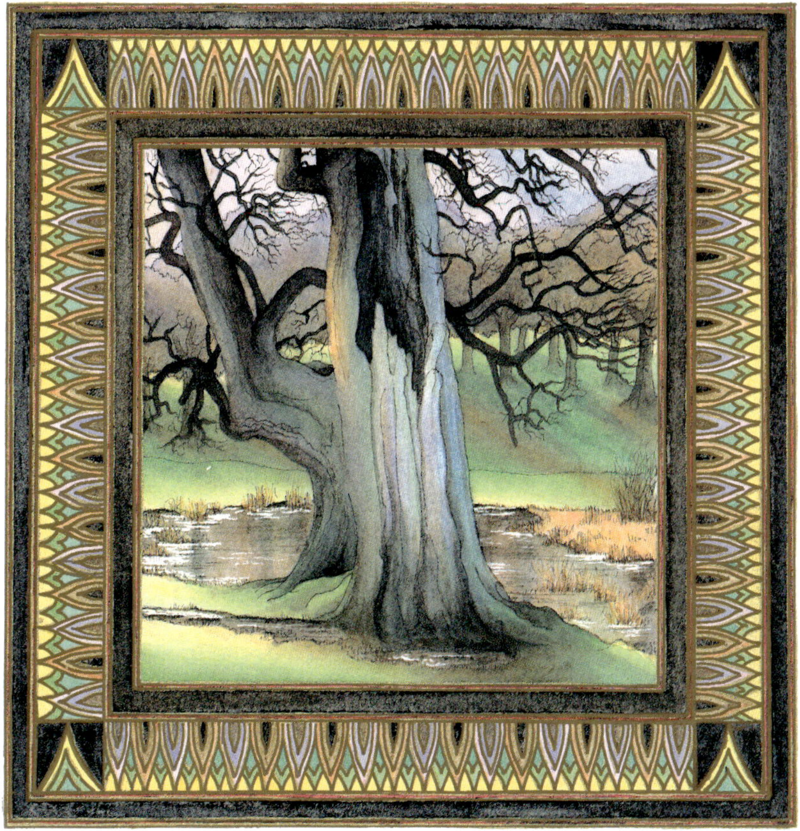

MARCH

8 _____

9 _____

10 _____

11 _____

12 _____

13 _____

14 _____

MARCH

15 _____

16 _____

17 _____

18 _____

19 _____

20 _____

21 _____

MARCH

22 _____

23 _____

24 _____

25 _____

26 _____

27 _____

28 _____

MARCH

29 _____

30 _____

31 _____

SPRING

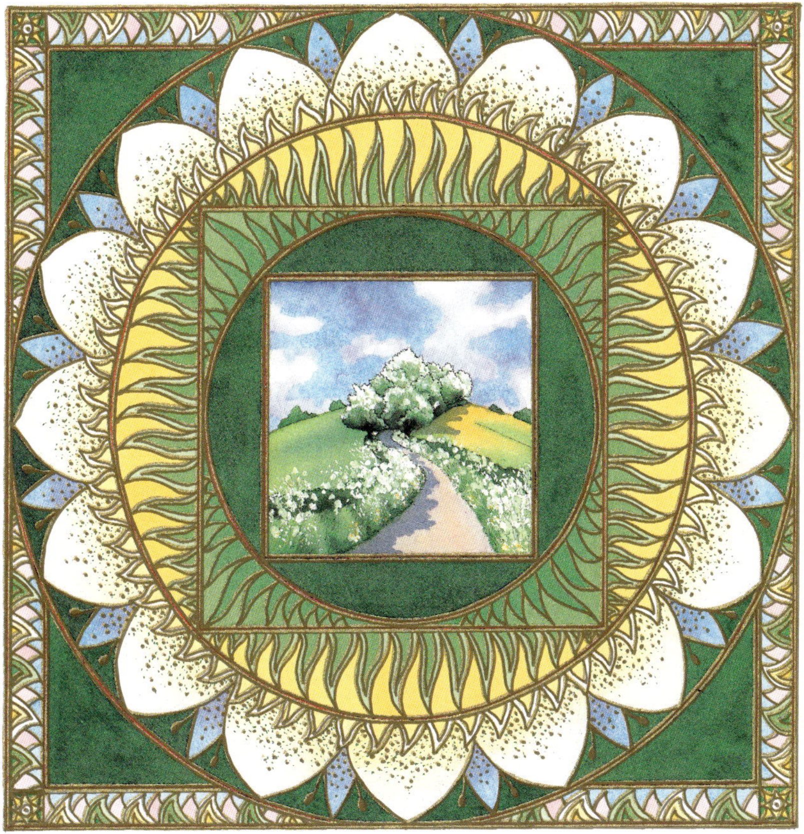

APRIL

1 _____

2 _____

3 _____

4 _____

5 _____

6 _____

7 _____

bordered by hills. The morning broke through —a sudden smile. Green woodlands glittering

APRIL

8 _____

9 _____

10 _____

11 _____

12 _____

13 _____

14 _____

APRIL

15 _____

16 _____

17 _____

18 _____

19 _____

20 _____

21 _____

APRIL

22 _____

23 _____

24 _____

25 _____

26 _____

27 _____

28 _____

APRIL

29 _____

30 _____

MAY

1 _____

2 _____

3 _____

4 _____

5 _____

6 _____

7 _____

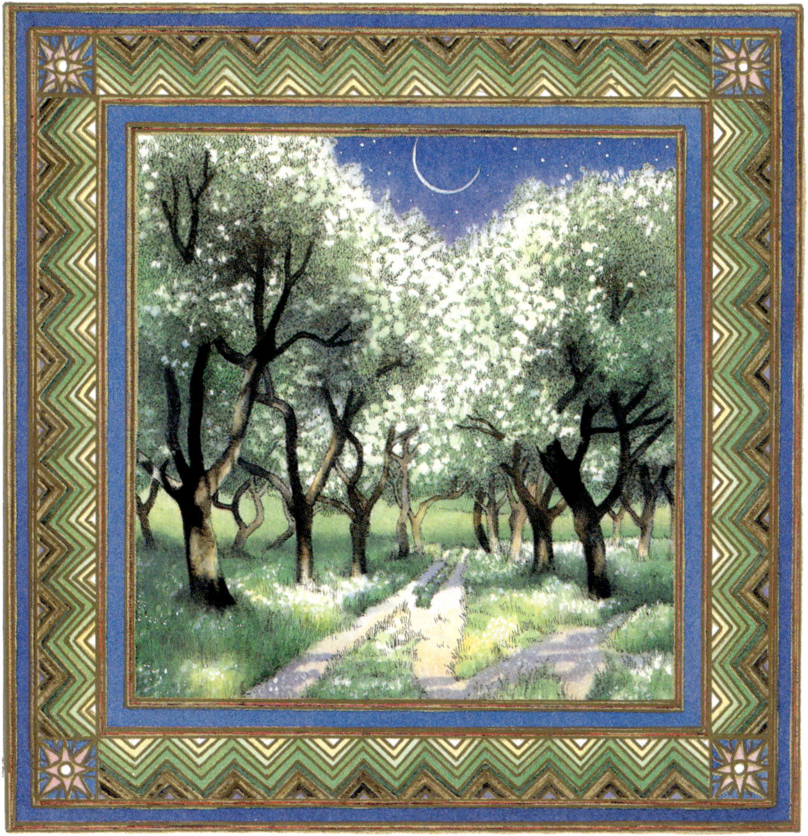

MAY

8 _____

9 _____

10 _____

11 _____

12 _____

13 _____

14 _____

MAY

15 _____

16 _____

17 _____

18 _____

19 _____

20 _____

21 _____

MAY

22 _____

23 _____

24 _____

25 _____

26 _____

27 _____

28 _____

MAY

29 _____

30 _____

31 _____

JUNE

1 _____

2 _____

3 _____

4 _____

5 _____

6 _____

7 _____

— This gleaming touch —

It slipped through the shadows —

The sun held me for a moment —

I received the mystery.

JUNE

8 _____

9 _____

10 _____

11 _____

12 _____

13 _____

14 _____

JUNE

15 _____

16 _____

17 _____

18 _____

19 _____

20 _____

21 _____

JUNE

22 _____

23 _____

24 _____

25 _____

26 _____

27 _____

28 _____

JUNE

29 _____

30 _____

SUMMER

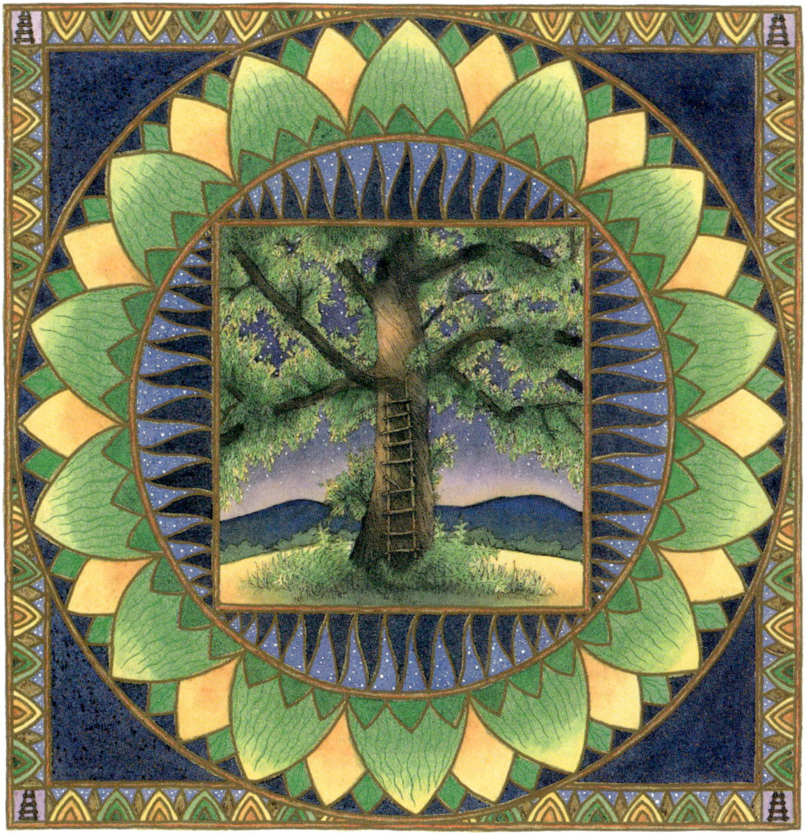

JULY

1 _____

2 _____

3 _____

4 _____

5 _____

6 _____

7 _____

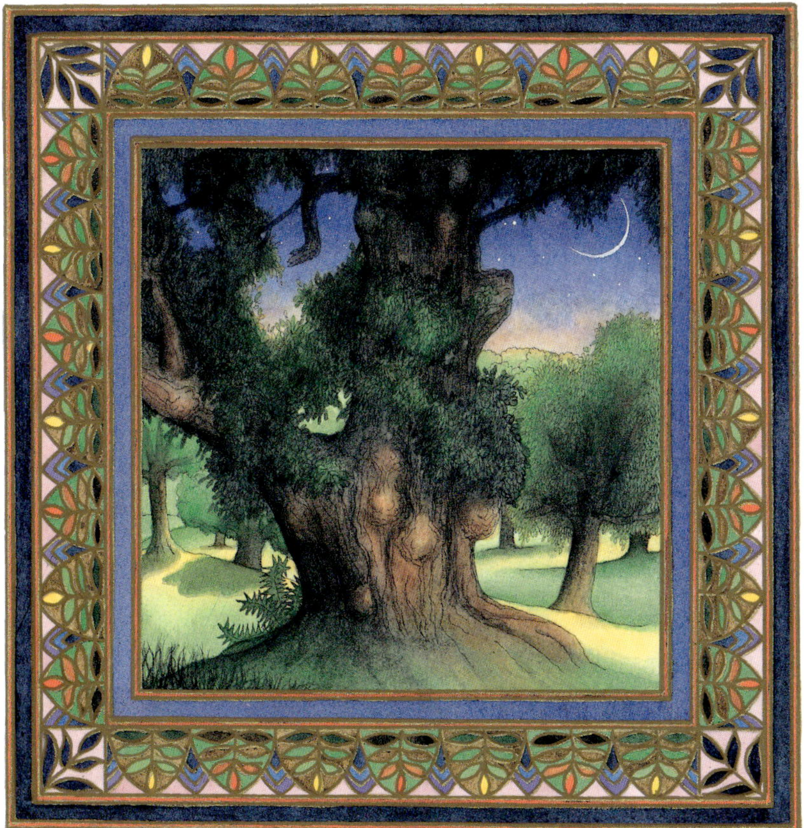

JULY

8 _____

9 _____

10 _____

11 _____

12 _____

13 _____

14 _____

JULY

15 _____

16 _____

17 _____

18 _____

19 _____

20 _____

21 _____

JULY

22 _____

23 _____

24 _____

25 _____

26 _____

27 _____

28 _____

J U L Y

29 _____

30 _____

31 _____

AUGUST

1 _____

2 _____

3 _____

4 _____

5 _____

6 _____

7 _____

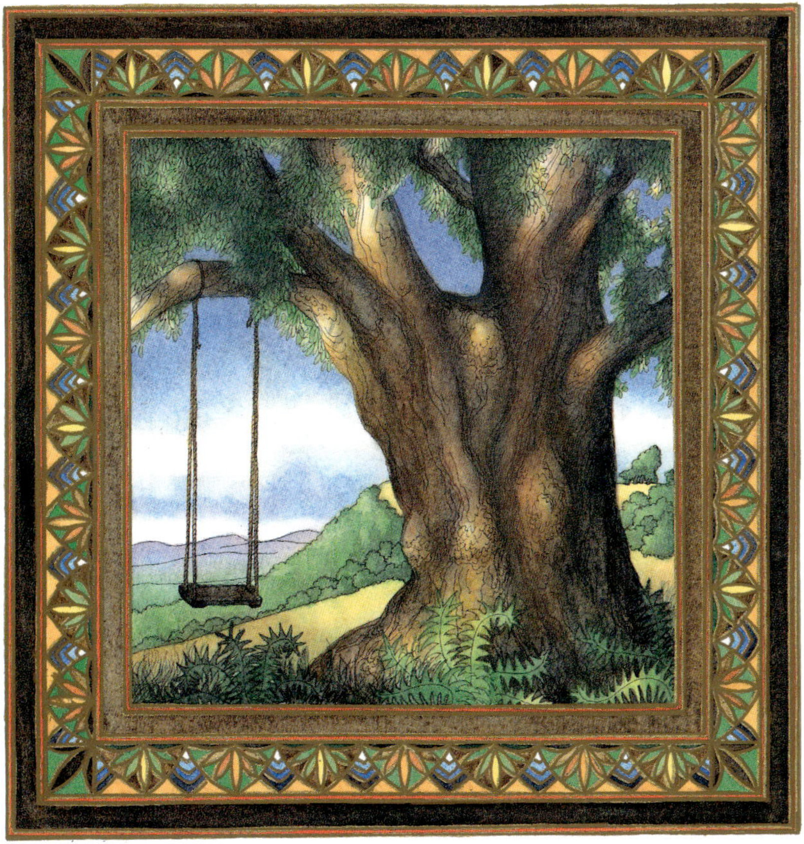

AUGUST

8 _____

9 _____

10 _____

11 _____

12 _____

13 _____

14 _____

AUGUST

15 _____

16 _____

17 _____

18 _____

19 _____

20 _____

21 _____

AUGUST

22 _____

23 _____

24 _____

25 _____

26 _____

27 _____

28 _____

AUGUST

29 _____

30 _____

31 _____

SEPTEMBER

1 _____

2 _____

3 _____

4 _____

5 _____

6 _____

7 _____

The taste of bitter-sweet love

The stir of a dragon in our rise

The beauty we love ungrasping

— a world in the darkness.

SEPTEMBER

8 _____

9 _____

10 _____

11 _____

12 _____

13 _____

14 _____

SEPTEMBER

15 _____

16 _____

17 _____

18 _____

19 _____

20 _____

21 _____

SEPTEMBER

22 _____

23 _____

24 _____

25 _____

26 _____

27 _____

28 _____

SEPTEMBER

29 _____

30 _____

AUTUMN

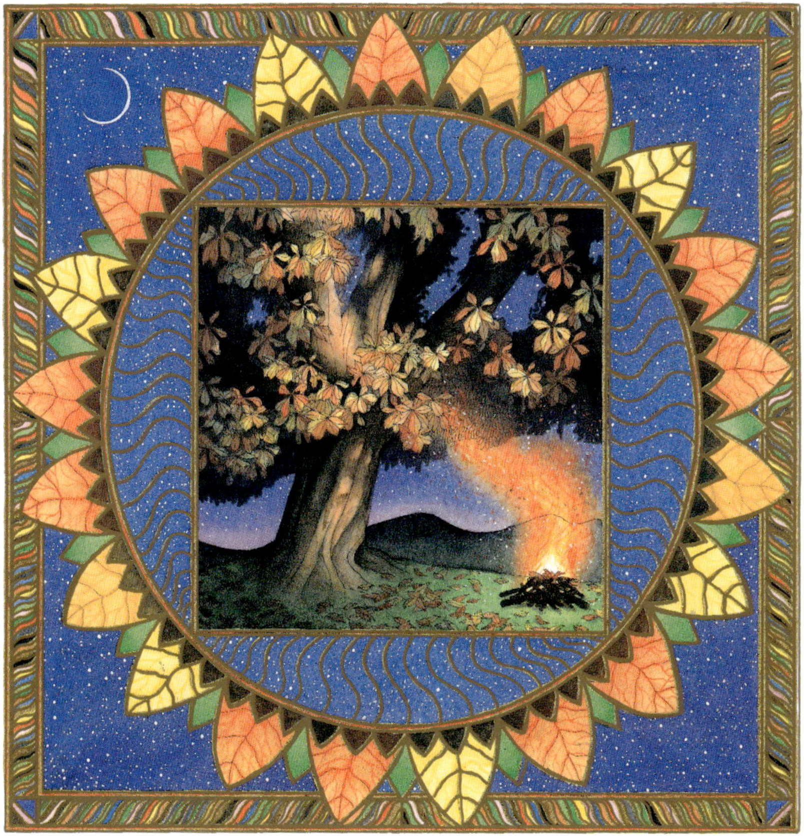

OCTOBER

1 _____

2 _____

3 _____

4 _____

5 _____

6 _____

7 _____

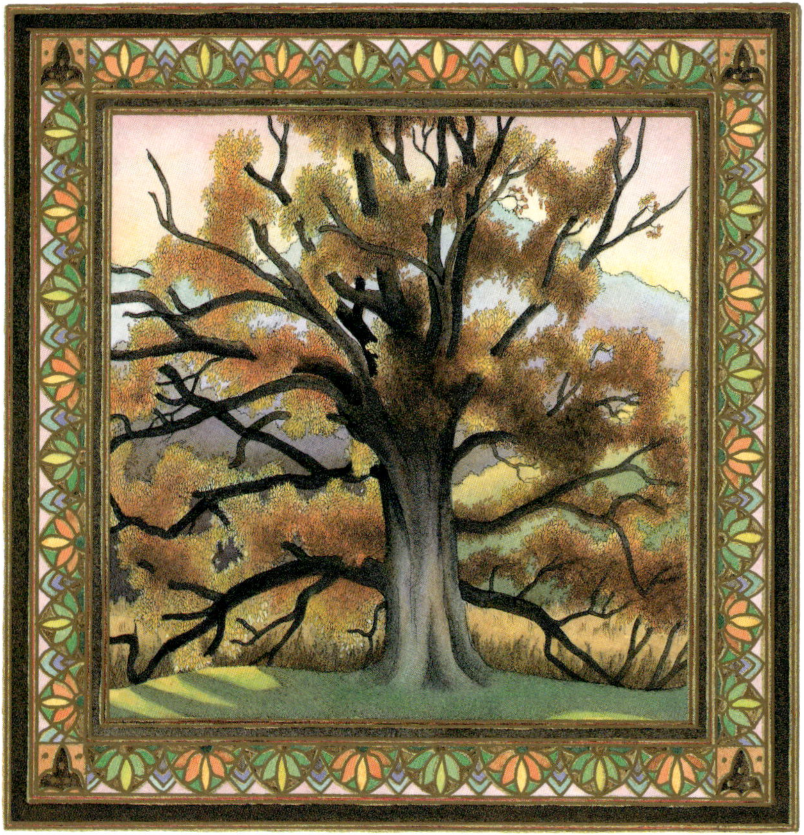

OCTOBER

8 _____

9 _____

10 _____

11 _____

12 _____

13 _____

14 _____

OCTOBER

15 _____

16 _____

17 _____

18 _____

19 _____

20 _____

21 _____

OCTOBER

22 _____

23 _____

24 _____

25 _____

26 _____

27 _____

28 _____

OCTOBER

29 _____

30 _____

31 _____

NOVEMBER

1 _____

2 _____

3 _____

4 _____

5 _____

6 _____

7 _____

On the long hill slope.
At dawn as I lay
A little breeze waked me—
Rustling leaves along the grass.

NOVEMBER

8 _____

9 _____

10 _____

11 _____

12 _____

13 _____

14 _____

NOVEMBER

15 _____

16 _____

17 _____

18 _____

19 _____

20 _____

21 _____

NOVEMBER

22 _____

23 _____

24 _____

25 _____

26 _____

27 _____

28 _____

NOVEMBER

29 _____

30 _____

DECEMBER

1 _____

2 _____

3 _____

4 _____

5 _____

6 _____

7 _____

I must have fallen

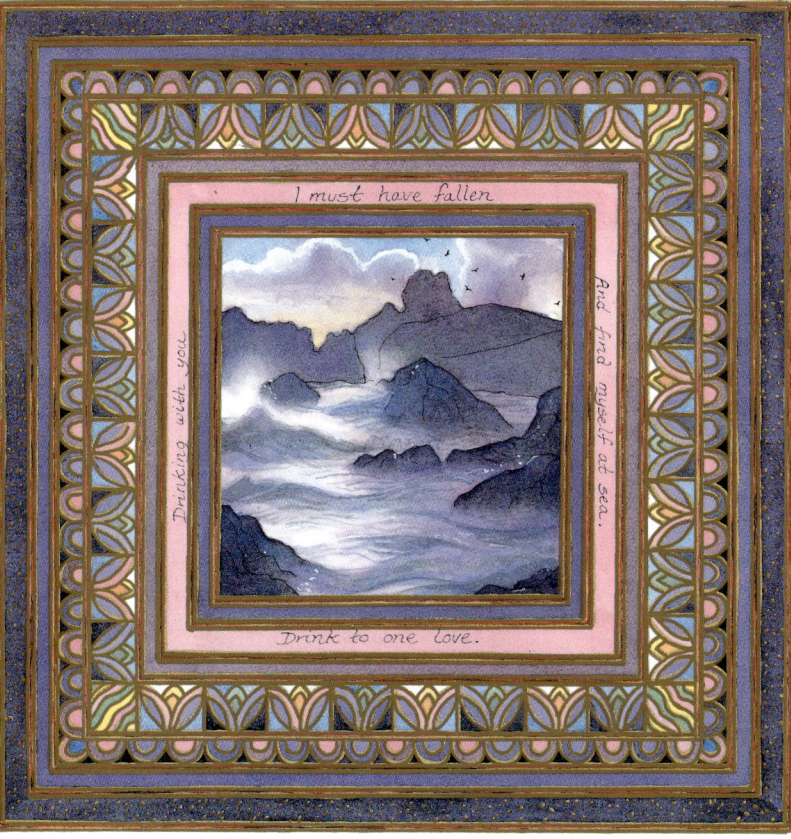

Drinking with you

And find myself at sea.

Drink to one love.

DECEMBER

8 _____

9 _____

10 _____

11 _____

12 _____

13 _____

14 _____

DECEMBER

15 _____

16 _____

17 _____

18 _____

19 _____

20 _____

21 _____

DECEMBER

22 _____

23 _____

24 _____

25 _____

26 _____

27 _____

28 _____

DECEMBER

29 _____

30 _____

31 _____

COPYRIGHT © 1991 BY DIANE BARKER

This book is copyright under the Berne Convention.
All rights are reserved. Apart from any fair dealing for the
purpose of private study, research, criticism or review, as
permitted under the Copyright Act, 1956, no part of this
publication may be reproduced, stored in a retrieval
system, or transmitted, in any form or by any means,
electronic, electrical, chemical, mechanical, optical,
photocopying, recording or otherwise, without prior
permission of the copyright owner. Enquiries should be
addressed to: East-West Publications (UK) Ltd.,
8 Caledonia Street, London N1 9DZ.

ISBN 0 85692 194 7

Printed and bound in Hong Kong
by South China Printing Company